DE

L'UNION EN POLITIQUE

DE

L'UNION EN POLITIQUE

OU

UNE IDÉE DE SALUT PUBLIC

PAR

G. BOULLAY

AUTEUR

DE LA RÉORGANISATION ADMINISTRATIVE, DE LA SOCIÉTÉ MÉCÉNIENNE DE FRANCE
DE L'ÉCLAIRCISSEMENT, ETC.

PARIS

CHEZ DENTU, LIBRAIRE

Palais-Royal, galerie d'Orléans

—

1866

I

EXPOSÉ

———

On entend bien souvent, en France, exprimer le regret de ce qu'il n'y ait pas d'union parmi nous en politique. L'expression d'un pareil sentiment prouve que nous sentons combien nos divisions nous sont funestes. A cet égard, du moins, nous sommes dans le vrai. « L'union fait la force, » dit la sagesse des nations. Mais l'union ne constitue pas seulement la force ou la puissance des peuples ; leur prospérité, leur richesse en dépendent également ; il est aisé de le faire comprendre.

L'union résulte, chez un peuple, de l'accord existant entre tous les citoyens sur un principe fondamental et qu'ils s'astreignent à observer. Sans ce point de départ nécessaire, on ne s'entend sur rien ; chacun veut faire prédominer son avis, il y a lutte. On ne saurait, bien entendu, être d'accord en toutes choses. Mais le principe essentiel admis, on sent que toutes les questions qui surviendront seront résolues par voie de conséquence. Il y aura débat, sans doute, mais les citoyens ne seront pas les uns vis-à-vis des autres dans un état d'hostilité sourde ou déclarée. Dans ces conditions, tous les bénéfices de l'union sont assurés au peuple chez lequel l'accord sur le principe essentiel s'est établi. Que faut-il cependant pour en venir là? Un peu de bonne volonté basée sur l'intelligence de son intérêt.

Mus par ce sentiment, les citoyens font converger leurs efforts vers un même but, la bonne direction des affaires de l'Etat. Leur gouvernement se perfectionne par la continuité même de cette action; ses efforts se relient intimement à ceux du pays. Tous deux, peuple et gouvernement, exercent l'un sur l'autre une influence salutaire, chacun à son tour recevant l'impulsion ou prenant l'initiative. Le progrès même devient la garantie de la stabilité des institutions. Les citoyens comptent alors sur eux-mêmes et sur leur gouvernement; vis-à-vis de l'extérieur leur résolution est à l'épreuve des plus menaçantes éventualités. La confiance générale est donc solidement établie; il en résulte l'extension du crédit, l'activité du travail, la multiplication des produits ou la richesse, et enfin la puissance, qui se forme en empruntant à la richesse d'indispensables éléments. Cette puissance, dont les citoyens ont le sentiment prononcé, ajoute à leur sécurité, à la confiance, au crédit, et ainsi de suite avec un progrès rapide et incessant de tous ces éléments matériels et moraux de la prospérité publique. Voilà comment l'union est, à la fois, la cause de la prospérité et de la force d'une nation.

La situation que nous venons de décrire n'est pas précisément la nôtre. Dans l'état de division où nous sommes, partagés en trois ou quatre partis politiques, sans compter les nuances, nous avons peu l'habitude de nous unir dans un but d'utilité commune, soit générale, soit particulière.

Nous y perdons, en temps ordinaire, toute la puissance qui résulterait de la convergence de nos efforts, nous annulons une grande partie de nos forces en les opposant les unes aux autres ; nous les détruisons dans les temps de révolution. Il s'ensuit que notre crédit est à un taux peu élevé, notre richesse médiocre, nos colonisations, nos débouchés, notre commerce extérieur, dans un état d'infériorité trop marquée par rapport à ce qu'ont réalisé en ce genre nos voisins, qui ont fait avec vingt à trente millions d'hommes, ce que nous n'avons pas fait avec trente à quarante.

Cependant les Anglais ont-ils sur nous la supériorité de l'intelligence ? Non. — Sont-ils plus travailleurs ? Leur travail est peut-être un peu plus serré que le nôtre ; mais, en somme, nous travaillons tout autant. Leur grand avantage, c'est d'avoir un sens politique qui les met d'accord sur les questions essentielles. Aussi, voit-on chez eux les fonds publics à un taux élevé, l'industrie largement créditée, les entreprises colossales. Nous prétendons alors « que les Anglais ont des capitaux. » Mais ils se les sont faits, ces capitaux ; on croirait, à nous entendre, qu'ils leur sont tombés du ciel. Vous alléguerez que nous avons de plus grands embarras que l'Angleterre, parfois l'Europe entière sur les bras. Je n'en disconviens pas, mais il faut pourvoir aux difficultés qui vous incombent. Quand on occupe une position, on la tient, on cherche à y suffire de toutes les manières. C'est ce que nous ne faisons pas toujours ; aussi notre puissance ne s'est-elle pas élevée au degré qui nous était nécessaire et auquel nous serions parvenus, s'il y avait eu plus d'union entre nous.

Or, quand on a des aspirations telles que les nôtres, mes chers Concitoyens, on se met en mesure de les réaliser.

Nous voudrions pouvoir prêter main-forte à toute cause juste et soutenir les droits des peuples ; nous avons raison. Quand on défend le droit d'autrui, on défend en même temps le sien. Si nous avions la puissance voulue, par nous-mêmes ou par notre influence, nous ferions que ce qui est juste soit fort et que les forts eux-mêmes soient justes. Nous n'aurions pas alors le déboire de voir commettre sous nos yeux des attentats contre l'existence des nations et des atrocités qui nous exaspèrent, et de ne pas pouvoir y mettre un terme. Le véritable ordre règnerait en Europe. Souvenez-vous du mot de Frédéric II : Si j'étais roi de France, il ne se tirerait pas un coup de canon en Europe sans ma permission. Mais il faut se mettre à la hauteur de semblables visées,

La situation d'un peuple se résume par l'état de ses finances. C'est là, comme on dit vulgairement, que le bât nous blesse, et nous le sentons bien dès que nous voulons nous livrer à quelque grande entreprise intérieure ou extérieure. Aussitôt, nous nous voyons arrêtés par l'insuffisance de nos moyens financiers. Ou bien, nous abattons nos milliards assez largement et en beaux joueurs, comme nous l'avons fait pour la Crimée et pour l'Italie ; mais serions-nous en état de soutenir longtemps un pareil jeu ? Sous l'empire de la nécessité, nul doute que nous ne puissions déployer d'immenses ressources ; mais la question est toujours de ce qu'il en coûte. Nos sacrifices nous deviendraient excessivement pénibles. Dans des cas graves, au lieu d'avoir de simples efforts à faire, ce sont des souffrances aiguës que nous aurions à subir ; or, notre négligence nous les aurait préparées.

Dans l'état où nous nous sommes mis, nos dépenses extraordinaires deviennent pour nous une cause sérieuse d'affaiblissement. Ces dépenses aggravent une position financière dont nous nous plaignons sans cesse. Alors nous nous en prenons à nos gouvernements. Nous voudrions, dans notre naïveté, qu'ils sussent nous fabriquer de toutes pièces une situation financière bien établie, et sans que nous ayons le moins du monde à nous en préoccuper apparemment. Mais si l'on n'épouse pas une fille sans elle, on ne conduit pas non plus un peuple sans lui.

Ah! vous croyez, mes chers Concitoyens, que vous pourrez faire ainsi la plus triste politique du monde, n'être d'accord sur aucun principe, ne savoir s'en tenir à pas un gouvernement, en faire et en défaire tant et plus, sans beaucoup mieux agir à l'égard du dernier, et que vous aurez, tout compte fait, de bonnes finances. Non, non! Détrompez-vous, les choses ne peuvent pas se passer ainsi. Nous avons fait de médiocre politique, nous avons de médiocres finances. C'est dans l'ordre, c'est voulu. Nous n'avons que ce que nous avons mérité. Si l'on dit à un individu, occupez-vous sérieusement et avec suite de vos affaires, ayez de la conduite, et, parvenu à la fortune, ou tout au moins à l'aisance, vous n'aurez plus ni tourments ni inquiétudes; on aura raison assurément. Il faut en dire autant à un peuple. Comprenons donc que c'est notre déraison qui est la cause première de nos impuissances, de notre pénurie relative et de nos misères individuelles.

Voilà ce que vous déplorez, mes chers Concitoyens, quand vous vous plaignez du manque d'union parmi nous. Vous êtes alors dans le vrai, et les regrets que vous en éprouvez ne sauraient être trop vivement sentis.

Maintenant, étant donnée la situation, de deux choses l'une : ou elle s'améliorera ou elle empirera.

Si elle s'améliore, c'est que nous aurons fait quelques efforts en vue d'établir l'union parmi nous. Je n'en demande pas davantage. Une fois dans la bonne voie nous arriverons à tout et promptement.

Si la position empire, en fait d'union, c'est partie remise. A quand? Voilà justement la question. A plus tard, bien tard peut-être; mais nous aurons encore des révolutions. Or, on sait, ou plutôt on ne sait pas assez ce que coûtent les révolutions : dépenses extraordinaires, tandis que les revenus sont extraordinairement abaissés ; angoisses de toutes sortes, privations prolongées, économies antérieures détruites, crédit nul, progrès retardé pour un temps indéfini, voilà ce que coûtent les révolutions ; avez-vous encore envie d'en passer par là ?

Conséquemment, celui qui proposerait un moyen efficace de mettre un terme à nos divisions, serait en droit de dire qu'il a une idée de salut public. Cette idée, nous croyons l'avoir, et nous allons la proposer.

II

I

LE PRINCIPE

—

LA MANIÈRE DE L'ENTENDRE

———

L'union résulte, avons-nous dit, de l'accord qui existe entre les citoyens d'un même pays sur un principe fondamental, et qu'ils s'astreignent à suivre. Pour établir cet ordre parmi nous, deux choses sont nécessaires :

Faire reconnaître le principe qui doit régir toute notre politique ;

Signaler les moyens de le faire observer.

Le principe est reconnu ; c'est celui de la souveraineté du peuple. Tout le monde, ou à peu près, y adhère en France, ainsi que dans bien d'autres pays. Chez nous, la pratique en est générale, on vote.

Qu'il y ait pourtant encore des contestations à ce sujet, nous ne le nions pas. Mais si l'on y fait attention, on voit que le débat ne porte que sur la manière dont on doit entendre l'application de la souveraineté. Tel est justement notre objet. Nous avons à rechercher comment l'observation du principe fondamental doit être entendue, afin que tout le monde le mette en pratique de la même manière.

Le sens même du principe doit résoudre cette question.

Quel est-il ?

Principe de la politique, la souveraineté du peuple signifie que le peuple se gouverne par sa volonté libre et indépendante, sens du mot souveraineté.

A ce fait se rattachent deux idées essentielles. Il faut que l'homme se gouverne le plus possible par sa volonté, déterminée par ses propres idées. La nécessité en est évidente. Les hommes à l'état individuel ou collectif ont l'intelligence voulue pour se guider ; autrement, ils cesseraient bientôt d'exister. Ensuite, l'idée de volonté, libre et indépendante, est identique à celle de moralité ; l'homme moral se définit un être intelligent et libre. En supprimant, chez lui, la liberté, on supprimerait donc toute moralité, et, par conséquent, toute responsabilité. Venez donc alors nous parler de châtiments mérités par les peuples.

On prétend que les peuples doivent se laisser conduire. Mais l'acte par lequel on se laisse conduire est un acte d'intelligence et de libre détermination. Or, une action de cette sorte est, de sa nature, persistante ; il faut bien que l'on sache si l'on vous conduit toujours bien, et alors on sait se conduire soi-même.

Se laisser conduire est un fait exceptionnel. Par exemple, lorsqu'un peuple a fait tant de sottises, quand il s'est tellement embarrassé dans le dédale de ses fautes, qu'il ne sait plus où il en est, alors il confie à quelqu'un le soin de le tirer d'affaire. Mais il faut que ce peuple en revienne à se gouverner par lui-même, qu'il resaisisse sa volonté ou plutôt sa liberté, qu'il a momentanément aliénée. Quand doit-il le faire ? Lorsqu'il est sûr de mieux agir que par le passé, et qu'il s'y est sérieusement résolu. A quel signe cela se reconnaît-il ? Nous le saurons bientôt.

Que l'on se persuade donc que la souveraineté du peuple, ainsi que tous les autres principes, ne confère pas seulement des droits, mais impose aussi des devoirs. Le peuple a le droit de se gouverner ; mais il doit également se gouverner le plus possible, et le mieux possible par soi-même. Tel est le sens du principe de la souveraineté du peuple.

Quelle est alors la meilleure manière de se gouverner ? Voilà ce dont nous avons à nous enquérir pour savoir comment on doit entendre la pratique du principe de la souveraineté du peuple.

Nous ne ferons pas attendre longtemps la réponse.

La meilleure manière de se gouverner soi-même, c'est d'accepter résolûment le gouvernement sous lequel on vit.

Nous n'avons pas besoin d'ajouter : pourvu que ce gouvernement ne soit pas celui de l'étranger. Celui-là est en dehors du principe, en dehors de la société. Or, le principe de la souveraineté du peuple ne règle l'état de lutte qu'en y mettant fin par son application même.

Conséquence immédiate et rigoureuse de la souveraineté du peuple, l'acceptation résolue par tout le monde du gouvernement existant est, disons-nous, la meilleure manière, c'est-à-dire l'unique et seule manière de se bien gouverner soi-même.

En effet, la question, pour le peuple, est de tirer tout le parti possible de son gouvernement. S'il est détestable, nous dira-t-on? Attendez, nous verrons ce qu'il en faudra faire. Prenons d'abord la généralité des cas. Tout gouvernement émane de la société, à la tête de laquelle il est placé; il la représente, et souvent même il n'en représente que trop exactement les défauts. Pourvu que ce gouvernement soit pourtant à peu près supportable, on nous accordera qu'il vaut mieux l'accepter. Voyons maintenant le cas où le gouvernement est mauvais. Nous disons que ce qu'il y a de mieux à faire, c'est encore de l'accepter, attendu qu'il est toujours moins coûteux de garder le gouvernement que l'on possède que de le détruire pour le refaire à nouveau. Une réflexion bien simple nous confirmera dans cette pensée. Si le gouvernement est mauvais, c'est que nous l'avons laissé devenir tel. Or, si nous le renversons, quelle garantie avons-nous que le nouveau gouvernement soit meilleur? Aucune. Donc il vaut mieux, fût-il mauvais, conserver le gouvernement que l'on possède. On s'épargne du moins les pertes et les souffrances qu'entraîne une révolution. Mais si la situation empire? Oh! alors faites des révolutions, vous n'êtes bons qu'à cela; vos gouvernements sont dignes de vous, vous êtes dignes de vos gouvernements. Souvenez-vous seulement que vous avez été incapables de les améliorer.

Mais vous dites qu'ils y font obstacle. Les personnes qui parlent ainsi ont pour habitude d'exalter les droits du peuple, l'intelligence du peuple, la puissance du peuple. Ne serait-il pas plus court d'avouer des torts qui consistent essentiellement dans la nonchalance des uns et le mauvais vouloir des autres. De là, à s'y bien prendre, il n'y aurait peut-être pas loin.

Supposons, en effet, que nous veuillions décidément nous mettre à améliorer notre gouvernement, comment procéderons-nous ?

Dans cette bonne disposition, notre gouvernement nous apparaîtra comme l'instrument dont le peuple se sert pour se diriger et conduire ses affaires. Eh bien ! avant de se servir de son instrument, un peuple qui agit avec sagesse commence par le consolider. Or, qu'est-ce que consolider un gouvernement ? c'est l'accepter résolûment.

Si l'on considère ensuite que le gouvernement possède une large initiative, une existence propre, et qu'en un mot il se compose d'hommes, on pensera que l'on doit agir à son égard comme avec des hommes. En conséquence, on procédera vis-à-vis de lui par la conciliation. Or, comment se concilie-t-on un gouvernement ? en déclarant l'accepter.

Enfin, un peuple qui sait vouloir ce qu'il veut, au lieu de mettre un certain laisser-aller dans son acceptation du gouvernement, y apportera au contraire une ferme résolution.

Ainsi donc, il est d'une incontestable vérité que l'on doit accepter son gouvernement. Telle est la conséquence immédiate de la souveraineté et l'obligation rigoureuse que ce principe nous impose.

Cette idée de l'acceptation résolue sera bientôt admise par tout le monde ; au fond elle est dans la pensée de tous. Quel que soit le régime sous lequel nous nous soyons trouvés, chacun s'est dit, qu'après tout, il serait bon que l'on reconnût le gouvernement. En fait la majorité l'a toujours accepté *a priori* quel qu'il fût. Dans les partis nous rencontrons la même idée, mais seulement, quand ils se sont trouvés au pouvoir, tous ont réclamé des autres partis la reconnaissance de leur gouvernement. Les républicains eux-mêmes n'y ont pas manqué, et en des termes si absolus, qu'on leur reprocha de constituer un « droit divin de la république. » Sauf cette exagération, puisqu'il n'y a de droit divin ou de vrai droit en politique que celui du peuple, tous les partis ont eu raison. Leur intérêt était d'accord avec la vérité et la leur faisait reconnaître. Il n'y a pas eu de gouvernement dont nous n'eussions profité, si nous l'avions résolûment voulu ; tout le monde le croit. Il est donc avéré que l'acceptation du gouvernement est au fond l'idée de tout le monde.

Conséquemment, au nom de la souveraineté du peuple, en vertu de sa conséquence nécessaire, le bon gouvernement de nous-mêmes, et avec l'assentiment universel, nous conclurons par l'énoncé de la formule suivante :

Sous l'empire de la souveraineté du peuple, la première règle de la politique du citoyen, c'est l'acceptation résolue du gouvernement.

Maintenant, si nous faisons aux circonstances actuelles l'application du nouveau principe, nous n'avons plus qu'à nous demander : qu'est-ce qui existe aujourd'hui ? C'est le gouvernement impérial. Dès-lors nous acceptons tous résolûment le gouvernement impérial.

Et, remarquez-le, nous n'avons pas besoin d'établir que le gouvernement impérial est issu de la volonté expresse et résolue du peuple. Il s'est pourtant rencontré des gens qui l'ont nié. On aurait dû laisser de côté cette plaisanterie familière à nos adversaires en Europe. Nous devons toutefois, à cette dénégation, la liaison que nous avons établie, par le bon gouvernement de nous-mêmes, entre le principe de la souveraineté et l'acceptation.

II

MISE EN ŒUVRE

—

§ 1ᵉʳ. — POSSIBILITÉS

—

L'acceptation résolue est une doctrine essentiellement pratique. Comment ? En ce qu'elle nous fera faire de bonne politique. Nous signalerons plus tard les moyens de faire admettre le nouveau principe ; mais ce qui contribuera à son adoption par tout le monde, ce sera justement la considération des avantages attachés à cette politique éminemment progressive, dont notre bon sens inaugurera bientôt le règne.

Supposons donc ce principe adopté, voici ce qui en résulte.

Premièrement la majorité qui admet le gouvernement impérial appuie plus résolûment sur son affirmation ; or, l'affirmation de la majorité n'est pas seulement qu'elle accepte le gouvernement, mais bien que tout le monde doit l'accepter. Dans ces conditions, l'autorité morale qui s'attache aux résolutions nettement arrêtées et fondées en droit, se ferait sentir dans tout le pays et dissoudrait les partis, si les minorités elles-mêmes, se rendant peu à peu à la raison, ne finissaient par se fondre dans la majorité et la transformer en unanimité sur ce point.

2

Dès lors, il n'y a plus de factions dans le pays. Il n'existe plus que deux partis, l'un dit conservateur et l'autre progressiste. Tous deux, bien entendu, veulent la conservation et le progrès ; mais, suivant la nature des intérêts et les tendances qui en résultent, l'un des deux partis appuie un peu plus sur la nécessité de conserver ce qui existe, l'autre sur l'utilité d'un changement. On s'aperçoit alors d'une chose, c'est que les vrais principes en toute matière sont connus et que des gens sages ne sont jamais divisés entre eux par des questions de principes, mais seulement par des questions d'application. Le progrès les résout en indiquant ce qu'il est possible et par conséquent pratique de faire à un moment donné. En un mot toutes les questions pour des gens raisonnables deviennent des questions d'opportunité. S'occuper d'autre chose (si ce n'est pour élucider les principes), et parler de ce qui sera opportun dans cinquante ans, ou dans vingt seulement, c'est tomber dans l'utopie, tout comme les fourriéristes qui imaginaient ce que serait la terre dans 80,000 ans. L'avenir se fonde sur la solidité de la conduite dans le présent. Agissez bien sur-le-champ et vous ne vous embarrasserez pas de ce que vous serez plus tard (1).

L'union existant parmi nous en principe, par voie de conséquence, nous allons arriver à faire d'excellente politique.

(1) Appliquons rétrospectivement en quelque sorte à l'acceptation du gouvernement, qui est déjà admise, cette idée d'opportunité, et nous y trouverons une confirmation de ce qui a été déjà dit, une nouvelle solution. Je m'adresse à des gens connus : Dites donc, voisin *Leblanc* et vous voisin *Lerouge,* est-ce qu'il ne serait pas opportun de traiter la question de savoir si l'Empereur ne doit plus être l'Empereur ? Vous voilà tout décontenancés, eh bien, je suis de votre avis, et je pense comme vous que ce ne serait pas très-opportun. Nous voilà donc tous, de par l'opportunité, impérialistes et nous pouvons nous en aller bras dessus, bras dessous, en traitant de nos petites affaires.

De quoi s'agit-il, en thèse générale ? De nous gouverner nous-mêmes ou de tirer tout le parti possible de notre gouvernement. Or, comme citoyens ou membres de la société politique, nous sommes à la fois gouvernants et gouvernés. Comment agissons-nous en cette double qualité?

Comme gouvernants, d'abord, nous avons à maintenir notre gouvernement, c'est-à-dire que nous devons, suivant l'expression si juste de M. Thiers, le *soutenir* et le *contenir*, ce que nous ferons par l'expression de l'opinion et par des actes.

Soutenir un gouvernement, c'est premièrement le louer pour ce qu'il fait de bien. Or, louer un gouvernement que l'on ne reconnaît pas, est une chose à peu près impossible, et nous n'irions pas bien loin pour en trouver un exemple. Nous avons mis à notre tête un homme qui passe pour avoir fait certaines choses qui méritent quelques éloges. Il y a même des gens qui prétendent que sa politique extérieure est admirable, qu'il a su grandir considérablement l'influence de la France, étendre son territoire, reconstituer une grande nationalité, tout en nous préservant des embarras d'une guerre de coalition et qu'à l'intérieur sa politique est sur beaucoup de points conforme aux grands intérêts du pays. Cependant l'Empereur a des partisans qui se laissent influencer par les cris et le tumulte des partis et ne le louent pas assez hautement sur les points où il le mérite ; il a également des adversaires qui ne le louent de rien ou si faiblement que l'on peut à peine dire qu'ils aient jamais fait son éloge. Sincèrement nous tenons ces minces éloges de l'opposition actuelle pour un progrès, sous les autres gouvernements l'opposition aurait cru se mentir à elle-même si elle leur avait dit la moindre vérité qui pût leur être agréable.

Dans la disposition d'esprit où nous met l'acceptation résolue, il ne nous coûte plus de faire l'éloge du gouvernement toutes les fois qu'il le mérite, et nous y sommes tout naturellement portés. Les citoyens se plaisent donc à lui rendre hautement justice. Ils l'approuvent net pour ses actes utiles, et quelquefois même pour ses bonnes intentions ; ils tiennent compte de ses efforts, bien qu'ils n'aient pas eu un résultat heureux. La manière d'être de la presse ne diffère pas essentiellement de celle des citoyens. Ceux-ci n'en sont plus à dire, comme autrefois : c'est ennuyeux, on ne trouve que des journaux qui approuvent tout, ou des journaux qui blâment tout. Ils ont en effet des feuilles amies du gouvernement qui lui disent la vérité et le prémunissent contre ses propres écarts, et des feuilles opposantes qui le poussent dans leur sens par de bons procédés, par des invitations encourageantes. L'opposition, en effet, n'a rien de systématique, et n'est plus que partielle. On se borne à réclamer tel ou tel progrès qui ne s'accomplit pas assez vite, à blâmer, énergiquement même, tel abus qui ne disparaît pas assez promptement ; mais sur tout le reste, le gouvernement est ouvertement soutenu. Toutes ces choses se voient en Angleterre, ajouterons-nous, puisque nous sommes obligés d'aller toujours chercher là nos exemples.

On contient ensuite son gouvernement par l'expression d'un blâme d'autant plus efficace qu'il est moins prodigué. Comme nous nous sommes mis sérieusement à l'œuvre en vue de perfectionner notre gouvernement, le blâme est une chose à laquelle on fait attention et dont on n'use plus à son égard qu'avec beaucoup de circonspection. On pense désormais qu'il faut se mettre en garde contre la tendance à blâmer, qui est beaucoup plus grande, en nous, que la tendance à louer, et l'on se dit que l'erreur de ce côté serait beaucoup moins dangereuse. Louer consolide le gouvernement et l'encourage à bien faire. Sans doute on encouragerait le mal si on louait à tort. Mais si le blâme corrige, son exagération détruit. Or, il est plus facile de détruire que d'édifier. En huit jours on démolit, en une heure on brûle ce que l'on a mis des années à faire aboutir. Quand on porte atteinte au crédit d'un gouvernement on ne rétablit pas aisément la confiance qui l'affermit. Devenus plus sérieux par l'adoption d'une idée juste, nous insistons beaucoup plus actuellement sur les idées de conservation. Ce que nous conservons d'abord c'est donc notre gouvernement, nous comprenons alors qu'il faut se bien garder de le détruire en détail par une sape continuelle, par une critique mal fondée ou acrimonieuse.

Le moindre inconvénient du blâme inconsidéré auquel nous nous abandonnions, était de rendre à peu près impossibles les progrès politiques que nous demandions à nos gouvernements. Comment auraient-ils pu accorder des libertés dont on voulait user principalement contre eux et au détriment des intérêts du pays. Tenu sans cesse en échec, le gouvernement reste immobile nécessairement. Mais le pire, c'est qu'on lui fait commettre des fautes. Il s'irrite d'être constamment en butte à l'injustice et à la malveillance. De lui-même, un gouvernement commet des erreurs inévitablement. Mais, si aux erreurs auxquelles le gouvernement est sujet, on ajoute celles qu'on lui fait commettre, et de plus l'imputation de celles qu'il n'a pas commises, la mesure est bientôt comble, et un jour il se trouve qu'on s'est laissé cheoir dans une révolution. Toutefois, avant d'en venir à cette extrémité, on escompte, pour ainsi dire, la révolution, et l'on s'affaiblit de toutes les manières. C'est là, du reste, tout ce qui peut nous arriver sous le gouvernement actuel. La base en est trop large pour qu'il soit renversé, on peut le considérer comme indestructible; nous aurions à commettre tant de fautes qu'il serait invraisemblable, qu'en suivant même nos anciens errements, nous pussions aller jusque-là. Il ne s'agit donc pas d'une révolution, mais des légèretés qui y conduisent. Ces légèretés détruisent journellement la confiance, nuisent au crédit, et sont cause de notre amoindrissement. Nous nous en abstenons du moment que nous avons consenti à nous prendre un peu plus au sérieux.

Une autre grave erreur, pire peut-être que les criailleries contre le gouvernement, et dont nous nous abstenons désormais, c'est cette malveillance qui porte certains individus à prêter au gouvernement des intentions et des projets qu'il ne saurait avoir, ce qui naturellement lui porte préjudice dans l'esprit de gens disposés, sans savoir pourquoi, à en mal juger. D'autres individus, moins méchants peut-être, mais non moins absurdes, se plaisent à répandre l'alarme pour produire quelque effet sur les autres et se donner à eux-mêmes des émotions. Lors donc que ces sottises sont communes chez un peuple, n'y étant pas généralement honnies et réprimées comme elles méritent de l'être, la confiance en est énervée, et l'on conçoit la stagnation dans laquelle croupissent ses fonds publics, s'élevant à peine au taux de 70, tandis que le 3 % des Anglais est à 90.

Sous l'empire de la nouvelle idée, les citoyens s'abstiennent davantage du blâme et des propos inconsidérés. La presse, qui les représente, en fait autant. Elle comprend désormais que les accusations violentes scandalisaient le pays, qui aime imprudemment ce scandale ; que les insinuations malveillantes agitaient les uns, inquiétaient les autres, et portaient le trouble jusque dans les transactions. La presse y renonce, parce qu'elle ne veut plus produire de semblables effets ; sa pensée constante est de consolider le gouvernement en l'aidant à bien faire. Elle y contribue de tout son pouvoir ; aussi l'action de la presse a-t-elle gagné en efficacité tout ce qu'elle a perdu en violence.

D'accord avec le gouvernement sur les principes, la presse l'éclaire souvent quant aux moyens d'exécution. Elle prévient les erreurs de ses agents par la crainte salutaire qu'elle leur inspire et lui signale ces erreurs quand les intéressés les dénoncent. Le gouvernement, de son côté, ne défend plus autant ses agents, du moment que ce n'est plus lui que l'on attaque en eux. Il profite des bons avis des journaux ; aussi les abus disparaissent peu à peu, et les progrès s'accomplissent en temps opportun.

La liberté politique est le résultat nécessaire de cette sagesse. Qu'est-ce que la liberté politique? Suivant une excellente définition du journal *le Siècle*, c'est la faculté de se gouverner soi-même. Or, nous avons établi que l'exercice de la souveraineté du peuple était notre gouvernement par nous-mêmes, qui devait commencer par l'acceptation résolue du gouvernement. Donc la liberté politique, identique à l'exercice de la souveraineté du peuple, s'exerce en acceptant d'abord le gouvernement. Donc le gouvernement impérial a parfaitement raison quand il dit que pour arriver à toutes les libertés il faut commencer par l'admettre sans arrière-pensée. Il n'est pas inutile de rappeler à ce sujet que l'Empereur a, par deux fois, été élevé au pouvoir en vertu d'une réaction populaire et même bourgeoise contre des idées de liberté mal entendues ; ce qui indique qu'au fond la pensée du pays est bien la même que celle du gouvernement qu'il a fondé.

Mais, du moment que ces idées sont généralement adoptées et suivies, le gouvernement nous donne, non pas la liberté, mais le signal de toutes les libertés que nous donnons à nous-mêmes.

Après l'expression de la pensée, viennent les actes. Or, nous exerçons une influence nécessaire sur notre gouvernement par des actes positifs. Nos moyens d'action sont les réunions de toutes sortes et les élections. Lorsque l'acceptation du gouvernement est tellement passée dans les mœurs d'un pays que l'on n'a même plus besoin d'en parler et que toute idée contraire paraîtrait une folie, comme en Amérique ou en Angleterre, alors les réunions de tout genre sont libres. Elles ont pour objet d'éclairer le gouvernement ou de lui donner une certaine activité commandée par l'urgence qu'il peut y avoir à satisfaire tels ou tels intérêts. Les réunions ont lieu également en vue des élections. On y discute moins les opinions que le mérite des candidats, attendu que les divisions ne portent plus guère que sur des questions d'intérêt, de détail ou d'opportunité, abandonnées au jugement du mandataire. Les candidats à la députation sont nombreux, la vie politique étant très-répandue dans le pays, parce qu'il n'y a plus autant de gens dégoûtés de la manière dont on traite la politique. Il y a également moins de questions de personnes, de querelles, de luttes, de violences, ce qui, après le dégoût, engendrait chez beaucoup d'individus l'indifférence en politique, sorte de crime de lèse-patrie, imputable surtout à ceux qui en sont la cause. Nous sommes désormais en état de comprendre que la politique touche à tous nos intérêts, les résume, les protége, et que le salut de l'Etat, vis-à-vis de l'extérieur et le bon ordre à l'intérieur, sont la sauvegarde des intérêts privés.

De son côté, le gouvernement ne propose pas de députés au choix des électeurs. Il n'a pas besoin de le faire. On ne nomme plus de députés dont le nom et les antécédents sont la négation même du gouvernement impérial. Des électeurs qui se sont rendu compte de la portée de cette idée de l'acceptation résolue du gouvernement sont incapables de mettre une contradiction aussi flagrante entre leur opinion, qui veut le maintien du gouvernement, et leur vote, qui envoyait au Corps législatif des ennemis ulcérés et acharnés du pouvoir. Dans ces conditions, le gouvernement impérial cesse d'agir à la façon du gouvernement provisoire qui, dans sa proclamation du 5 avril 1848, déclara qu'il désignerait aux électeurs les députés sur lesquels porteraient ses préférences. « Il (le gouvernement), est-il dit dans cette proclamation.

doit éclairer la France. » Le gouvernement provisoire a eu raison, le gouvernement impérial aussi. Que l'on blâme seulement les abus qui se rattachent à la désignation, nous en demeurerons d'accord.

Quant aux élections, tout le monde se porte au vote. C'est un acte dont l'accomplissement est considéré comme l'un des premiers devoirs du citoyen. Personne n'y fait défaut. Nous nommons alors d'excellents députés, choisis pour leur patriotisme éprouvé et leur talent. Au Corps législatif, on ne fait plus de longs discours, parce que les orateurs sont de force à parler brièvement (1). Les orateurs ne sont plus interrompus, d'abord parce qu'ils savent se faire écouter, et parce qu'ensuite on est moins impatient qu'aux époques où l'on était toujours disposé à entrer en querelles. Les affaires alors s'expédient rapidement au Corps législatif, comme ailleurs, du reste. La France veut subvenir aux nécessités de sa position dans le monde ; elle a pris pour devise : Activité ! Or, avec l'activité, tout se fait vite et bien. Au Corps législatif, les budgets sont épluchés avec soin. L'administration est mise en demeure d'être économique et progressive. Somme toute, si le gouvernement y est hautement soutenu, loué, admiré pour ce qu'il fait de bon, il n'y est pas moins vigoureusement contenu. Mais il n'a pas besoin d'être poussé en avant ; si nous faisons de la politique de cette manière, nous pouvons être sûrs que ce gouvernement-là est en avant de nous.

Notre conduite, comme gouvernés, est analogue à celle que nous tenons comme gouvernants et y vient en aide.

A titre de gouvernés, nous secondons le pouvoir en obéissant à la loi. Nous faisons mieux, nous voulons que tout le monde y obéisse. La puissance de tous pèserait au besoin

(1) Washington et Franklin, dit-on, ne faisaient jamais de discours durant plus d'un quart d'heure ou vingt minutes.

dans l'intimation du premier citoyen venu sur un récalcitrant ; dès lors, il n'y en a plus. Quelquefois des citoyens, vis-à-vis d'un représentant de l'autorité, simple gendarme ou sergent de ville, examinent s'ils se trouvent dans un cas d'obéissance à la loi. Dans le doute, ils résolvent la question par l'obéissance provisoire, sauf, en cas d'erreur, réparation en faveur de l'obéissant. Néanmoins, on fait de notables économies de frais de police ; et la police est bien faite quand c'est tout le monde qui la fait. Dans ces conditions, l'ordre s'établit de lui-même jusque dans les derniers détails de la conduite des individus vis-à-vis de la société. Une bonne loi sur la liberté individuelle est possible et exécutable.

Viennent alors pour nous les avantages de cette conduite.

Nous sommes d'accord sur le principe et sur la manière d'en entendre la pratique, nous nous sommes mis à en faire une sérieuse application. Le nouveau principe observé a établi l'union parmi nous, et l'union tient toutes les promesses que ce mot renferme et que nous avons énoncées dès le début. Du sentiment que nous en avons, est résultée la confiance. Les citoyens comptent les uns sur les autres. Ce sont désormais des hommes solides qui se sentent d'autant plus forts de leur union, qu'ils savent d'ailleurs ce qu'ils valent individuellement. La perspective des guerres ou des crises ne les émeut pas. En présence d'une difficulté imminente, ils se disent tranquillement : on en viendra à bout, et ils continuent de s'occuper de leurs affaires. Or, s'ils parlent ainsi, ce n'est plus par vaine jactance ou en raison d'une insouciance puérile, mais parce qu'ils ont su préparer leurs ressources et se mettre en mesure vis-à-vis des événements.

La confiance donne alors au crédit la plus large extension. Le travail décuple son activité, la production s'accroît rapidement, et, par conséquent, la richesse individuelle.

Ensuite, une forte partie de la richesse se répartit mieux entre nous, grâce au droit de réunion exercé d'une façon permanente, c'est-à-dire grâce à l'association. Sous Louis-Philippe, les républicains s'étaient fait écouter des ouvriers des villes, toutes les associations tendaient à être républicaines, à répudier le gouvernement ; il fallait donc les interdire. Les associations actuelles, en vertu du nouveau principe, sont favorables au gouvernement qui, lui-même, les favorise. Leur esprit est naturellement celui de la démocratie impériale. Nous recueillons, le peuple surtout recueille les fruits de cette sagesse. L'association bien pratiquée encourage le travail, multiplie les produits et distribue les bénéfices d'une manière équitable entre les associés. Insensiblement, cette juste répartition s'établit partout et à la satisfaction générale. Plus aisées, les classes inférieures peuvent obtenir en plus grande quantité les objets de consommation ; la multiplication des produits y aidant, le bon marché est réalisé. Il y a moins de différences entre les existences, mais les riches se dédommagent par le bon marché, ils en sont plus riches naturellement. Le public, en outre, se trouve bien d'avoir affaire à des associations. Elles savent défendre leur intérêt, mais elles offrent plus de prise, et en vertu d'une responsabilité plus effective, elles mettent dans leurs services plus de ponctualité.

Quant aux ouvriers des villes et des campagnes non encore associés, par l'augmentation du salaire et par l'économie, ils améliorent leur existence. Leur tendance à se transformer peu à peu de salarié en associé, contribue à les maintenir dans une bonne voie. Autrefois, l'ouvrier, comme on le disait, eût-il gagné vingt francs par jour, il les eût dépensés. Devenu associé, même en gagnant moins, du moment qu'une part de son gain est capitalisée, il devient un tout autre homme. Ce n'est plus un nomade de la civilisation, un bohême, il tient à quelque chose ; c'est un capitaliste, un bourgeois. Dans l'association, en outre, son travail devient plus actif et plus inventif, c'est qu'il est rémunéré selon sa valeur, ce qui lui procure plus d'aisance. L'ouvrier lui-même possède alors cet argent de poche dont Voltaire a préconisé les jouissances en ces termes : « Le superflu, chose très-nécessaire ; » et bientôt, il y joint l'instruction générale, qui, en lui donnant quelque teinte de bonne éducation, en fait un *monsieur*.

Ainsi, l'aisance est partout. Il y a du luxe chez les riches, mais un luxe bien compris, celui qui donne le confortable et s'étend jusqu'au beau. Quant au mauvais luxe, celui de la fainéantise et de la vanité, il tend à disparaître devant les progrès de la raison publique. Favorisé par elle, le bon emploi de la richesse ou de l'aisance forme des citoyens pleins d'énergie au moral, vigoureux au physique, et dont la force individuelle est l'image et le signe de la puissance de la société.

Or, cette puissance s'accroît en proportion de la richesse. Cependant nous n'en faisons pas montre ; nous nous contentons seulement de nous tenir au niveau de ce qui se fait en ce genre chez les autres peuples ; un peu en dessous, si l'on veut, en raison de notre facilité de passer du pied de paix au pied de guerre, puisque nous naissons fantassins. Aussi, nous mettons en réserve une grande partie des ressources (hommes, argent, matières) que nous consacrions autrefois à notre puissance ; mais elle peut se développer tout à coup dans des proportions immenses. On nous sait prêts pour ce déploiement, on y a égard. La politique de l'Europe se modifie, et comme il vaut mieux s'entendre que de se battre, le congrès a lieu, les nationalités sont *restaurées*. Jusque-là l'Europe sera dans un état de désordre non moins honteux que funeste à ses intérêts. Mais l'Europe suivra bientôt la voie dans laquelle nous serons entrés, et avec bien plus de raison alors, car ce ne sera plus celle qui conduit aux révolutions. Il n'y en aura non plus que de guerres lorsque la Révolution française, c'est-à-dire le principe de la souveraineté du peuple et, par conséquent, des nationalités, sera partout triomphant.

Mais c'est l'âge d'or de la politique, nous dira-t-on, que vous décrivez-là. C'est le but vers lequel on doit tendre, l'idéal qu'il faut chercher à réaliser. On en prendra ce que l'on pourra, bien entendu; mais chaque pas fait dans cette voie sera productif, d'un bénéfice certain. Le capital de la France est d'environ deux cents milliards. Quand la Bourse hausse d'un franc, la valeur de notre fonds productif à 5 % s'accroît de deux milliards; et si la hausse se consolide, notre revenu s'augmente effectivement dans cette proportion. Quand nos fonds seront à la hauteur des fonds anglais, la France sera d'un quart à un tiers plus riche et plus puissante qu'elle ne l'est aujourd'hui. Voilà ce qu'il dépend de nous de réaliser. Affirmez-le, c'est une chose faite. Mais, désirant tous le progrès de l'union parmi nous, ne dites pas : Ce sera bien difficile à réaliser *à cause des autres*. D'abord vous porteriez contre telle ou telle catégorie de citoyens un jugement téméraire; pourquoi n'auraient-ils pas autant de patriotisme et de bonne volonté que vous? Ensuite, vous parleriez contre vous-même, contre tous vos intérêts. Quant à nous, en fait d'ardeur patriotique, nous en revendrions aux Romains et aux Anglais, c'est que nous entendons largement notre intérêt.

§ 2. — OPPORTUNITÉ.

Concevons bien, d'ailleurs, que la situation actuelle, par rapport à l'union en politique, est moins mauvaise ; nous pouvons même dire beaucoup meilleure que par le passé. La majorité, éclairée par les événements, veut plus résolûment le gouvernement impérial qu'elle n'a voulu aucun gouvernement. Le peuple, c'est-à-dire suivant le vieux sens du mot, les classes les moins aisées et les moins éclairées, est napoléonien. Contestez-vous ? Eh bien ! pressez-le à ce sujet ; demandez-lui s'il veut qu'on ôte l'Empereur, il fera de beaux cris. Il en est de même de la bourgeoisie moyenne. Il n'y a de partis que dans les classes supérieures. Or, parmi les classes les plus aisées et les plus éclairées, les conservateurs du temps de Louis-Philippe et bien des opposants de ce temps-là sont partisans du gouvernement impérial. L'Orléanisme n'existe plus qu'à l'état de souvenirs et de reconnaissance (¹). Mais l'Orléanisme n'est plus un parti. Son principe est celui du gouvernement impérial. L'opposition se concentre dans une portion de la bourgeoisie éclairée, mais moins fortunée en général ; les hommes de parole et de plume naturellement inclinent à l'opposition, et les « prolétaires éloquents » fournissent quelques opposants assez disposés, comme d'ordinaire en notre pays, à la violence. Mais, en fait, il n'y a, entre le gouvernement et l'opposition, que de faibles dissidences, grossies seulement par des passions qui disparaîtront devant une plus large et plus patriotique aspiration.

(1) La nôtre est entière pour les premières années du règne de Louis-Philippe et de la bourgeoisie, dont la majorité se conduisit alors admirablement, au milieu des plus grandes difficultés.

Avant peu, le journal le *Siècle* mettra ses actes en pleine conformité avec son principe et avec ses propres paroles. Il donnera l'exemple d'une déclaration authentique d'acceptation du gouvernement impérial. Il n'en est séparé, du reste, que par une question d'extension en fait de liberté, que ce journal n'admet pas illimitée ; conséquemment, par une simple question d'opportunité. Enfin, l'*Opinion nationale*, qui reconnaît ce gouvernement, ne commettra plus la faute de l'opposition dynastique sous Louis-Philippe, qui fut de s'allier à des hommes qui voulaient renverser le gouvernement, aux républicains ; d'ailleurs, il n'y aura plus lieu. Quand l'immense majorité ne veut pas de la République avec ses pouvoirs instables, il n'y a plus de républicains : il n'y aurait plus que des utopistes. On le comprendra bientôt, car la majorité le donnera à entendre, et sera écoutée par des gens qui observent leur principe.

En remontant l'échelle sociale, nous retrouvons, dans le voisinage de la haute bourgeoisie, les légitimistes purs, gallicans en religion et admettant la souveraineté du peuple. Nul d'entre eux ne fait difficulté de reconnaître que l'ancienne monarchie existait parce qu'elle était voulue par le peuple, que Louis XIV, par exemple, régnait en vertu du consentement universel. Là était en effet sa légitimité, attendu qu'il n'y en a pas deux.

Les légitimistes n'existent plus à l'état de parti ; qu'est-ce qu'un parti qui n'a pas de principe, puisque la légitimité n'en est pas un. Elle se définit : droit d'une famille au gouvernement par hérédité ; c'est là une pure pétition de principe d'abord, puis ensuite une contradiction. Comment alléguer le droit où il n'y a pas de droit. En politique, le principe étant celui de la souveraineté du peuple, le droit ou la légitimité ne sont que là. Aussi, reconnaissant ces vérités, bien des légitimistes disent-ils : ce n'est pas légitimistes, c'est *héréditaristes* qu'il faudrait nous appeler. La voilà, leur dirons-nous, conséquemment, votre hérédité, c'est la nôtre, celle que le peuple a constituée. Il n'est pas étonnant, dès lors, qu'un parti qui existe à peine, n'ait pas d'organe. Il n'y a pas de journaux légitimistes, il n'y a que des journaux ultramontains. Enfin, bon nombre de légitimistes sont pleins de reconnaissance pour l'Empereur, au titre du salut public qui fut le leur, et à titre patriotique, vu la politique extérieure. C'est peut-être le parti où l'on rend le plus justice à l'Empereur.

Le parti ultramontain n'a pas non plus de raison d'être. D'abord, la plupart des personnes de cette opinion conforment leur pratique au principe de la souveraineté du peuple. Mais ils votent, nous dira-t-on, avec l'arrière-pensée d'étouffer, quand ils le pourront, le suffrage universel. Erreur à l'égard de la majorité des ultramontains. Cette majorité se compose de braves et honnêtes gens qui se font un devoir de donner leur suffrage et qui vont au vote comme à la messe. Quels sont donc ceux qui nient le principe de la souveraineté du peuple ? Nous allons le dire.

Ce qui constitue l'ultramontanisme, c'est une doctrine secrète pratiquée, mais désavouée, par les chefs de la secte : ce désaveu est nécessaire. Leur doctrine est celle de la religion imposée par tous les moyens possibles, *per fas nefasque*. Avouer une semblable doctrine serait l'annihiler. Or, les ultramontains à la suite, simples partisans du pouvoir temporel, peuvent bien être abusés, commettre par ignorance des actes contraires à leurs idées, ne pas savoir où on les conduit ; mais ils n'admettent pas néanmoins que la religion puisse être imposée en aucune façon. Quant au reste, nous trouvons, mêlés à ces braves gens, des fanatiques d'abord. Nous n'employons nullement ce terme à titre d'injure. Le fanatisme, c'est la religion exagérée, outrée ; mais les fanatiques sont des gens de bonne foi. Qu'il y ait des intrigants à la dévotion des meneurs, cela ne peut faire aucun doute. Mais les meneurs fanatiques et les intrigants sont en si petit nombre !

Nos bons ultramontains de France ne sont tels, en général, que pour être un peu plus légitimistes, et ne sont légitimistes que pour se distinguer un peu mieux du reste des mortels. Ce petit travers à part, on est trop loyal en ce pays, pour être réellement ultramontain. Au fond, nos ultra sont gallicans, comme tout le monde. Vous récriez-vous ? Voyons, votre mariage a-t-il lieu, ou aura-t-il lieu à l'église ? Faites-vous baptiser vos enfants, leur faites-vous faire leur première communion ? Oui, eh bien, vous êtes gallicans. Le gallicanisme consiste à admettre la souveraineté du peuple en religion et en politique. On peut être anglican dans toutes les religions, on l'est surtout dans le catholicisme bien entendu. Soyez tranquilles, mes braves curés, vous verrez ce que feront pour vous, par la suite, le gallicanisme et la révolution. Les femmes ne sont pas moins intéressées au succès de nos idées. Tout ce qui est faible, tout ce qui souffre l'est également.

Bientôt, une société française, comme il en existait une avant la grande Révolution, sera possible et refleurira avec ses qualités aimables et sa politesse, devenue un devoir civique, parce que, ainsi qu'autrefois, nous serons tous d'accord sur les principes essentiels. *Unus Deus, una fides, unum imperium.* Un seul Dieu, celui de la tolérance et de la charité ; une seule foi, la tradition humaine, l'Evangile, interprété par tous, comme aux premiers siècles, le gallicanisme, la France et la Révolution ; un seul Empereur, Napoléon III.

Voyons maintenant comment sera maintenue l'observation des principes.

III

—

PLAN D'ACTION

I

ORGANISATION

—

Les principes seront maintenus et propagés par le moyen ordinaire, à l'aide d'un organe qui les reproduira sans cesse.

Nous avons deux opérations à proposer : la constitution d'une feuille politique à un sou, ou la transformation du *Petit Journal* en journal politique.

Nous allons examiner ces deux hypothèses.

La feuille de M. Millaud est parvenue à un tirage quotidien de plus de 250,000 numéros. Le succès de ce journal, qui va toujours croissant, tient au talent de ses rédacteurs, sans doute, mais surtout à son excessif bon marché. Ce sou, limite extrême du prix des objets, est l'âme de l'affaire. L'absence de politique alléguée comme élément de succès n'est pas une raison bien sérieuse. Ajoutez demain au *Petit Journal* une partie politique, en le maintenant au même taux, le principe du bas prix se poursuivant, ses lecteurs croiront, avec raison, faire une excellente affaire ayant la politique par dessus le marché ; ils tiendront d'autant plus à leur journal et le nombre s'en accroîtra immensément. On ne rencontrera pas vingt individus ayant l'esprit assez tortu pour renoncer à acheter le journal, sous prétexte qu'à la suite on y a mis de la politique. Il ne tiendra qu'à eux d'ailleurs de la laisser de côté; mais ils n'entraîneront personne avec eux. Les lecteurs que l'on y gagnera, au contraire, se compteront bientôt par centaines de mille.

Néanmoins, les habitudes des lecteurs seront respectées, la rédaction actuelle précieusement conservée, le format pareillement. Le journal, commençant à la tranche, sera allongé par des feuilles qui se suivront horizontalement en quelque sorte et seront pliées en revenant les unes sous les autres dans le sens de la largeur et non en hauteur. Cet allongement, qui peut être indéfini, permettra de placer au verso de la feuille entière la politique et les annonces, le recto étant occupé par le *Petit Journal* ordinaire. Tel est du moins notre projet.

Les conditions financières de cette opération seront exposées par la suite, ainsi que le moyen de subvenir à l'impôt du timbre, pierre d'achopement de l'entreprise.

Là est le problème. Sans cette terrible question du timbre, le succès d'une œuvre pareille est trop désiré par une partie considérable du public pour que l'œuvre elle-même ne se fût pas depuis longtemps accomplie.

Quant à la constitution d'un journal politique à un sou,

les moyens d'exécution seraient les mêmes que pour la transformation du *Petit Journal*.

La politique y apporterait ses éléments de succès; la rédaction pourrait en être confiée aux meilleurs publicistes de notre époque. Ce serait également, du reste, un journal de nouvelles. Une feuille de ce genre ferait donc une formidable concurrence à celle de M. Millaud; mais il vaut mieux que l'on s'entende avec l'éminent capitaliste. Dans ce cas, au lieu d'aller chercher son public, on l'a tout formé sous la main. Nous nous attachons donc à cette dernière conception, la transformation du *Petit Journal*.

Le consentement de M. Millaud, indispensable à l'accomplissement d'une œuvre pareille, sera obtenu. Comment? Vous le verrez bientôt. Pour le moment, admettez que M. Millaud souscrive à tout ce que l'on voudra.

Du reste, en dépit des prétentions du *Petit Journal*, ou de celles qu'on lui prête, cette feuille « que l'on trouverait dans les derniers hameaux » et « à laquelle toute concurrence est impossible, » n'a pas encore pénétré dans nos villages. Quand elle comptera ses acheteurs par millions, oui ; par centaines de mille, non. Y pénétrera-t-elle ? Peut-être. Mais on peut lui susciter une concurrence, et nous apercevons un titre et un plan de journal qui aurait de grandes chances de succès dans les campagnes; et rien n'empêcherait que ce journal ne pénétrât du même coup dans les villes. Mais, nous le répétons, nous ne songeons pas à élever autel contre autel. M. Millaud ne nous y obligera pas, moins par crainte d'une concurrence que pour des motifs tout patriotiques. Son intérêt légitime sera, suivant notre projet, amplement satisfait; par amour-propre, il ne voudra pas s'opposer au succès d'une idée de salut public.

Ce point admis, la transformation de la précieuse feuille se réalisant, dans un premier article on s'y adresserait au public en ces termes :

« Vous n'éprouverez pas de surprise, lecteurs du *Petit Journal*, en trouvant aujourd'hui votre feuille accoutumée transformée en un journal politique.

» La rumeur publique a porté depuis longtemps à vos oreilles le bruit de projets de cette nature, et vous-mêmes en aviez d'ailleurs pressenti l'accomplissement. En effet, ajouter à la rédaction ordinaire du *Petit Journal*, à l'original article de Timothée Trimm, aux charmantes Causeries de Pierre Véron, aux Variétés littéraires de nos meilleurs écrivains, aux Nouvelles dont vous êtes avides, aux Tribunaux et au Feuilleton une partie politique, quoi de plus simple à imaginer? Comment se fait-il, se sont dit ensuite quelques-uns d'entre vous, que le gouvernement ne profite pas de cette publicité étendue pour se faire écouter du public? Il y a des difficultés, sans doute. L'impôt du timbre rend l'affaire difficile, en dépit des annonces que la politique donnerait au nouveau journal. Mais, si la transformation de notre feuille peut être utile, il y a des gens qui sauront bien trouver une combinaison qui rende la chose praticable.

» Cette combinaison, que nous vous ferons connaître, a été trouvée, et voilà pourquoi le *Petit Journal* se présente à vous ayant opéré sa métamorphose. Il s'est élevé à la dignité de feuille politique. Traitant de vos grands intérêts, notre journal va vous convier à vous en occuper plus activement que jamais.

» Mais, pour créer un journal, comme pour toute autre œuvre, roman, drame, opération industrielle ou plan de campagne, il faut une idée qui fasse vivre l'œuvre. Ici, il en fallait une qui pût vous convenir à vous, lecteurs du *Petit Journal*, qui serez bientôt tout le monde. Il était bon, en outre, que le nouvel organe vînt remplir dans la presse une lacune que l'on y avait laissée subsister jusqu'à présent.

» L'idée nouvelle s'est présentée ; le moyen de combler une fâcheuse lacune a été aperçu.

» L'idée était suggérée par le regret universellement exprimé touchant notre manque d'union en politique, etc.

. . . . »

On continuerait ensuite, à l'aide de l'exposé politique par lequel débute cet écrit, et qui serait résumé en un ou plusieurs articles, selon ce qu'il serait jugé convenable de faire à cet égard.

Voici maintenant le plan de rédaction du nouveau journal politique.

Une simple observation préalable. Ne fit-on que commenter, d'une façon calme, impartiale, mesurée, les actes du gouvernement dans un journal qui débute avec 250,000 acheteurs et 2,000,000, peut-être, de lecteurs, que l'on rendrait néanmoins un très-grand service et au gouvernement et au pays. Mais, grâce à notre doctrine, qui est celle du gouvernement lui-même, il y a mieux à leur offrir, et nous avons un plan de rédaction d'une plus vaste portée.

Tous les deux jours, paraîtra donc un article de doctrine sur l'idée fondamentale, l'acceptation résolue. On y signalera, au point de vue historique, les inconvénients du manque d'union parmi nous. On insistera principalement ensuite sur les événements intérieurs de notre histoire moderne depuis 1816. Les fautes de nos gouvernements y seront relevées, sans doute, mais surtout nos erreurs à leur égard, puisque nous aurions dû savoir rectifier les leurs, et, par suite, maintenir le gouvernement lui-même.

La rédaction s'étendra davantage sur notre politique à l'égard du gouvernement actuel. Les vices en seront donc indiqués, et les défauts qui les causent mis en relief, avec leurs funestes conséquences, afin que l'on prenne peu à peu l'habitude d'obvier à celles-ci et de ne pas retomber dans ceux-là.

On corrige ses défauts, vous le savez, par le développement de ses qualités ; on les transforme en facultés par l'usage que l'on en fait ; par la pratique, on les rend de plus en plus puissantes. Vous voyez qu'il n'y a rien là d'impossible.

Après avoir signalé les vices de notre politique, on insistera sur toutes les bonnes raisons que nous avons pour seconder le gouvernement actuel, en rendant compte de ce qu'il a fait pour être appuyé et secondé par nous. S'il nous était donné d'être au nombre des rédacteurs de ce journal, nous expliquerions toute la politique de l'Empereur. Ce n'est pas difficile, nous en avons la clef, Sa Majesté l'ayant fort obligeamment donnée à tout le monde. En quoi donc le gouvernement actuel a-t-il fait de bonne politique ? Voilà ce que nous aurions à examiner.

Notre formule de l'acceptation du gouvernement nous placera dans de faciles conditions d'indépendance, le gouvernement impérial ayant mis la liberté au prix de cette acceptation. Nous sommes d'ailleurs indépendant par nature, comme cet écrit le démontre à tout homme intelligent. Mais comment entendons-nous l'indépendance ?

Nous aimons beaucoup le gouvernement impérial, et il nous semble que c'est à juste titre. Le Chef de l'Etat est démocrate, et nous croyons l'être. Quand un ministre qui jouit d'une grande popularité a dit que l'Empereur était l'homme le plus libéral de l'Empire, on a compris que M. Duruy ait pu le dire ; personne n'en a été bien surpris.

La vérité se fait sentir même aux gens qui la combattent.

L'Empereur est le représentant du peuple, qui lui a remis un jour ses destinées. Or, dans une démocratie telle que la nôtre, il n'y a qu'une aristocratie réelle, celle du talent et du mérite personnel, qui se compose de tous les hommes qui ont fait, d'une manière éminente, *et par eux-mêmes,* leur position, quel que soit d'ailleurs le point d'où ils soient partis. Quel en est donc encore le véritable représentant, si ce n'est le grand homme d'Etat, l'écrivain distingué, le savant, l'ingénieur, l'inventeur, le général d'armée, l'homme d'initiative en toutes choses et aimant chez les autres l'initiative autant que la modération. D'ailleurs voilà ce que ne devrait oublier aucun des éminents publicistes de la presse périodique, qui sont eux-mêmes aux premiers rangs de cette aristocratie. Tels sont pour nous, avec les services rendus au pays, les titres de l'Empereur, en qui se résume le gouvernement impérial, à notre dévouement.

Mais indépendant, *parce que* dévoué. Nous nous attachons à cette formule, assez juste, ce nous semble ; sans indépendance, est-ce qu'il y a véritable dévouement. Ici, bien que reconnaissant les mérites du gouvernement impérial, nous ne poussons pas l'éloge jusqu'à l'hyperbole assurément. C'est que, dans l'intérêt du pays, nous recherchons le succès bien plus auprès de ses adversaires, nos coreligionnaires fourvoyés, qu'auprès de lui.

Nous dirons toutefois que, si nous sommes, en ce qui nous concerne, indépendant, le gouvernement est de force à supporter l'indépendance ; nous serons donc, à certains égards, et fort à notre aise, de l'opposition. Or, l'opposition doit être d'autant plus circonspecte qu'elle rencontre moins d'obstacles.

Nous serions donc tenté de reprocher au gouvernement impérial de n'avoir pas accompli déjà la réforme administrative. L'Empereur est un Henri IV qui n'a pas encore trouvé son Sully. Comment une administration qui, malgré ses défectuosités, renferme tant d'hommes distingués, ne le lui a-t-elle pas encore fourni? M. Fould semble être appelé définitivement à jouer ce grand rôle; les réformes que le ministre prépare nous permettent de l'augurer. A ce sujet, nous demanderons à Son Excellence la permission de lui signaler un passage des Œuvres de Sa Majesté, dont l'application à l'administration serait susceptible d'y produire un changement complet.

De la pensée de l'Empereur, découle naturellement une réglementation qui n'est pas seulement en projet. Ces règles, en conciliant tous les intérêts, supprimeraient entièrement la faveur, cause de presque tous les abus encore persistants. A l'objection ordinaire de la mauvaise application des bons règlements, nous répondrons par l'impulsion d'en haut, donnée par l'Empereur et ses ministres.

Le nouveau journal poursuivra également cette idée. Des articles sur la réforme administrative suivront ou accompagneront les articles de doctrine.

Que faut-il à un peuple pour avoir de bonnes finances? Une bonne politique et une bonne administration. En joignant à nos élucubrations sur ces matières un traité de politique internationale, la question qui nous intéresse se trouvera tout entière embrassée. Voilà pour la pratique.

Quant à la critique, tous les deux jours nous fournirons un article de polémique pour expliquer, commenter notre doctrine, prévenir les objections ou y répondre. On contestera peu. Mais il faut tout prévoir. Si l'on contestait, nous employerions le système dont M. de Girardin a usé contre Cavaignac, et qui a déplorablement amené ce chef de l'Etat à la tribune, et contre lui M. Garnier-Pagès Nous reproduirions sans cesse notre argument, ameutant ainsi le public contre notre contradicteur, jusqu'à ce qu'il convienne qu'il a tort. Libre à lui d'user du même moyen à notre égard. On croit que les Français ne sont pas tenaces ; si fait, quand ils ont raison. Notre journal est destiné à le faire voir.

Les limites que nous imposons à notre plan de rédaction sont déterminées par notre plan financier. Nous en traiterons donc simultanément, et nous passons à cette partie assez intéressante de la question.

II

PLAN FINANCIER
MESURES DE TRANSITION

—

Sans l'impôt du timbre, la transformation du *Petit Journal* en journal politique serait une excellente affaire. Les frais du journal ne seraient pas augmentés de plus de moitié, mais le bénéfice apporté par les annonces serait considérable.

L'impôt du timbre rend impossible une affaire dont la conclusion intéresse au suprême degré le gouvernement et le pays. En effet, à 6 centimes, son taux actuel, cet impôt grèverait le journal, pour 50,000 abonnés, de 1,095,000 fr., somme que paye à l'Etat le journal le *Siècle*. Pour 250,000 numéros, chiffre actuel du *Petit Journal*, le rapport de l'impôt du timbre serait de 5,475,000 fr.; il serait de 10,950,000 fr. pour 500,000 numéros, total que son expansion nouvelle lui fera bientôt atteindre, on peut le supposer. En aucune façon, les bénéfices ne peuvent couvrir cette somme ajoutée à ses frais. Voici ce que les benéfices peuvent être.

En supposant 250,000 acheteurs à 5 c., ces rentrées de M. Millaud sont de 4,562,500 fr.; ses frais, à 0,04 c. par numéro, de 3,650,000 fr.; ses bénéfices seraient de 912,500 fr. Ce chiffre est peu vraisemblable, et bien que nous ayons intérêt à le maintenir en vue des bénéfices du futur journal, nous admettrons, suivant le bruit public, que ceux de M. Millaud sont de quelques centaines de mille francs, soit, pour $^1/_2$ centime, de 450,000 fr., en nombre rond. — Nous avons admis la très-grande expansion du nouveau journal; or, à 500,000 acheteurs, les recettes, achat et annonces, calculées à 2 fr. la ligne, moyennant un léger agrandissement de format et l'addition d'une cinquième feuille, donnent au total 7,500,000 fr., en nombre rond, avec lesquels on ne saurait en payer près de 15 (14,619,375).

Mais l'impôt du timbre étant supprimé, l'affaire devient très-bonne; et, bien que les frais dépassent les ressources tirées de la vente des numéros, les annonces la font telle. Le prix des annonces, modestement calculé pour un journal qui débute par 250,000 acheteurs, sans être indéfiniment extensible, pourra cependant s'élever. Il pourra également y avoir extension dans la quantité.

Maintenant faut-il que le gouvernement supprime l'impôt du timbre ? Immédiatement, non, attendu que cet affranchissement profiterait à l'opposition, qui mettrait immédiatement ses journaux à un sou.

Mais, nous dira l'opposition, si je grandis, ce n'est que par la volonté du peuple, et, suivant le principe, nous devons la respecter. Sans contredit; mais, ici, est-ce la volonté ou le penchant du peuple que nous avons à prendre en considération ? C'est la même chose, réplique-t-on. Non pas, s'il vous plaît. La souveraineté ne fait pas le peuple infaillible, et il le reconnaît lui-même. Les lois ne sont-elles pas des règles qu'il se trace souvent à lui-même pour contenir ses propres penchants ? Autre chose sont donc ses impulsions, souvent instinctives, et ses volontés mûrement délibérées et transformées en lois. Par l'une d'elles, en vigueur dans tous les pays libres, le peuple a chargé les gouvernements de lui rappeler quelles ont été ses volontés antérieures. Ceux-ci peuvent en appeler du peuple au peuple lui-même, et renvoyer l'assemblée délibérante devant le corps électoral.

Mais l'opinion réclame-t-elle la liberté avec autant d'ardeur que le prétend l'opposition ? On peut en douter. En 1848, 1851 et 1852, le peuple, par trois votes successifs, a fondé le gouvernement impérial. Certes, à ces deux dernières époques, il eût trouvé fort mauvais que l'on eût l'air d'en improuver l'établissement. C'est l'Empereur qui lui-même a pris l'initiative des réserves en faveur de la liberté. La première est celle que contient le programme du 2 décembre. Si le peuple français ne l'accepte pas, une nouvelle Assemblée sera convoquée, etc. La seconde est le mot si souvent répété : « La liberté viendra plus tard. » Certes, l'Empereur espérait qu'elle viendrait plus tôt ; mais est-ce que cela dépend de lui seul ? Investi, le 20 décembre, de pouvoirs presque illimités, en a-t-il abusé ? Le gouvernement impérial, depuis son établissement, n'a supprimé qu'un journal, l'*Assemblée nationale*, qui était contre-révolutionnaire, et un journaliste, M. Veuillot.

L'opinion insiste-t-elle davantage aujourd'hui sur la revendication de la liberté ? C'est possible ; mais, récemment encore, M. de Girardin, qui la revendique, ou plutôt qui insiste pour que l'on y croie, disait : « La moitié des Français veut la liberté, l'autre moitié n'en veut pas. » Encore ne parle-t-il que des classes aisées et éclairées. L'insistance sur la liberté n'est donc que le fait des partis, qui ont l'habitude d'attribuer à l'opinion leur manière de voir.

La pratique des opposants est à la hauteur de leur théorie. Depuis le 20 décembre, le gouvernement impérial a fait d'incontestables progrès en tous genres, même en matière de liberté. Quel progrès, au contraire, l'opposition a-t-elle réalisé ? Aucun. S'est-elle rapprochée du gouvernement, comme elle le devait, pour obéir à la volonté du peuple ? Un peu de fait, entraînée par la force des choses, nullement d'intention. Evidemment, il ne serait pas conforme à la volonté réfléchie du peuple de fournir aux opposants des moyens de battre en brèche le pouvoir et de flatter son penchant à l'opposition. Le peuple se reconnaît ce penchant-là, il sait bien qu'il est contraire à son intérêt et ne trouve pas trop mauvais qu'on le combatte.

Tant que l'opposition n'a pas déclaré authentiquement qu'elle reconnaît le gouvernement, nous sommes dans une période dictatoriale et de mesures d'exception consenties par la nation.

Mais cet esprit changera. L'opposition elle-même aidera le gouvernement à abolir l'impôt du timbre, et finira par se rendre aux considérations d'intérêt général qui lui tracent sa conduite, toute indiquée d'ailleurs par cette simple observation.

Si l'on avait dit à l'opposition, en décembre 1851 : « Ce gouvernement contre lequel vous vous élevez va faire de grandes choses. Ne pouvant prendre la question de liberté par synthèse ou par ensemble, il la prendra par l'analyse, et, pour vous y habituer peu à peu, il vous la donnera en détail ; il fera d'ailleurs ce que n'ont osé ni Louis-Philippe ni la République : il abolira la prohibition, la loi des coalitions, préparera toutes les réformes ; à l'extérieur, il grandira l'influence de la France, agrandira son territoire et créera une Italie indépendante. »

L'opposition eût répondu : « C'est impossible. Le despotisme ne donnera que ce que peut donner le despotisme : il s'alliera aux absolutistes en Europe, comprimera tout ; ce sera un gouvernement contre-révolutionnaire et pire encore peut-être. » — Admettez cependant l'hypothèse. — « Si ce gouvernement, que nous maintenons en être incapable, faisait de pareilles choses, il est clair que nous lui serions tout dévoués. »

L'opposition tiendra loyalement la parole qu'elle aurait loyalement donnée.

Néanmoins, le public et même le gouvernement veulent des garanties. Il faut donner à l'opposition le temps de se reconnaître, il faut, par la même occasion, poser la question devant le pays, enfin trouver les ressources nécessaires pour payer l'impôt du timbre pendant un certain temps.

Comment y parvenir !

A l'aide d'une SOUSCRIPTION NATIONALE !

Pour acheter le journal de M. Millaud ;

Pour constituer un fonds de roulement ;

Et payer ledit impôt pour un temps qui ne sera pas bien long, si la souscription obtient un plein succès. Or, elle a des chances de l'obtenir, car :

S. M. l'Empereur sera suppliée de vouloir bien prendre part à cette souscription, et de mettre, en tête de la liste, son nom glorieux et respecté ([1]).

Or, les raisons que Sa Majesté aurait pour souscrire sont assez manifestes ; de plus, l'idée de l'acceptation du gouvernement lui appartient ; c'est l'Empereur qui l'a formulée dans son discours du 12 janvier 1863, pour l'ouverture de la session ; c'est la pensée constante du gouvernement, l'idée incessamment reproduite par MM. de Persigny, Billault, Rouher et par tous les défenseurs de l'ordre actuel.

Nous pouvons donc espérer, sauf méprise de notre part sur d'autres points, que Sa Majesté daignera prendre l'initiative de cette souscription.

Dans ce cas, le succès n'en est pas douteux.

Si l'Empereur souscrit, S. M. l'Impératrice souscrit, le Prince Impérial souscrit, le prince Napoléon souscrit.

Par opinion, tout ce qui tient au gouvernement souscrira.

Les ministres souscriront, les maréchaux souscriront.

Les sénateurs, les députés, les conseillers d'Etat souscriront.

MM. de Rothschild souscriront. MM. Perreire souscriront.

Tous les banquiers, agents de change, notaires, etc., souscriront ; tous les conservateurs souscriront.

M. de Girardin souscrira.

([1]) Que sommes-nous pour provoquer une souscription nationale et à laquelle l'Empereur prendrait part? Rien. Mais si le public nous approuve ; mais si l'Empereur nous approuve ! . . . .

Bien des opposants souscriront.

En effet, tant qu'il ne s'agit que d'une idée à débattre, on peut bien contester une vérité aussi incontestable que celle que nous voulons faire affirmer ; mais, quand il y va d'un intérêt et d'une excellente affaire, on se précipite pour demander des actions. Bientôt après, votre intérêt vous conduit à reconnaître la justesse de l'idée que l'on avait longtemps repoussée.

Nous proposons que la souscription, pour les personnes des catégories souscrivant de droit, ne s'élevât pas au-dessus de mille francs ou de cinq cents francs seulement, sauf exceptions qui seront stipulées. Pour le reste, la souscription serait divisée en actions de cent francs, afin de donner accès aux petites bourses.

Tout le monde voudra souscrire.

M. Millaud souscrira !

Nous l'avons dit ;

Et l'affaire devient excellente et sûre.

En effet, la souscription nationale s'effectuant, c'est l'idée de l'acceptation du gouvernement résolûment affirmée par tout le monde. Eh ! sans doute, s'écriera l'immense majorité des citoyens souscripteurs ou non, on doit accepter franchement et sans ambages son gouvernement.

Dès lors, l'opposition ne résiste plus ; l'impôt du timbre est bientôt aboli, d'autant plus que le gouvernement reste d'abord armé de toutes les mesures restrictives de la liberté de la presse. Or, il ne faut peut-être pas plus de six mois, le nouveau journal aidant, pour que les bonnes habitudes nouvellement adoptées par la presse deviennent invétérées. Le pli en sera pris. L'opposition arrivera bientôt ainsi à la liberté qu'elle a si longtemps réclamée ; mais elle l'aura quand elle la désirera avec un peu moins de passion.

Nous n'avons qu'un regret, c'est que la souscription ne soit pas assez considérable pour que tout le monde y puisse prendre part. Elle sera pourtant au capital nominal de 30 millions, soit 22 millions pour payer l'impôt du timbre pendant deux ans (par extrême prudence), 1 million de fonds de roulement et 7 millions pour acheter le journal de M. Millaud. Telle est du moins notre proposition. Si cette dernière évaluation est exagérée, tant mieux, le journal coûtera moins cher; si elle est faible, tant mieux encore, c'est que le journal vaut plus, il rapportera davantage. Quoi qu'il en soit, il n'y a pas à hésiter, fût-on obligé de faire un pont d'or à M. Millaud.

Le gouvernement s'engagera-t-il à abolir l'impôt du timbre, même dans deux ans? Nullement. La souscription de Sa Majesté lui est personnelle. L'Empereur se contente d'affirmer sa propre idée, le reste dépend du public et de l'opposition.

Pour ce qui est des citoyens, souscripteurs ou non, l'affaire est bonne pour eux, nous l'avons suffisamment prouvé. La souscription y gagnera des millions, la France y gagnera des milliards, et le gouvernement y fera l'économie du petit *Moniteur*. Néanmoins, pour nous, pas de subvention. Aux souscripteurs pourtant, elle offre un risque, la perte d'une partie du capital souscrit; mais il y a peu de chances de le perdre. D'un autre côté, l'opération offre des chances d'un bénéfice énorme, c'est de l'argent placé à 10, 15 et peut-être 20 %, il est tout simple qu'il y ait des chances de grande perte. Le côté moral de l'affaire sera d'affirmer un peu à ses risques et périls. Ainsi le gouvernement ne prend pas d'engagement, cela ne se peut, d'ailleurs. Nous supposons qu'il abolira l'impôt du timbre et avec raison. Car, s'il y a un parti hardi à prendre, on peut compter sur l'Empereur. Les traités de commerce et l'autorisation des grèves en sont la preuve. Enfin, l'impôt du timbre ne se paye

·pas d'avance et les versements seront échelonnés ; la perte peut donc être limitée.

Nous ne parlons pas du remplacement de l'impôt du timbre. En cas de succès de la souscription, c'est une chose assurée, nous ferions injure à votre intelligence en vous l'expliquant.

L'existence du futur journal est assurée. En raison du but, l'union en politique, de l'idée essentielle, l'acceptation résolue, et de la souscription nationale, l'affaire aura un immense retentissement. Le gouvernement, M. Millaud, le public, tout le monde enfin a intérêt à lui en donner. Parlons maintenant de ceux à qui elle pourrait nuire.

Si l'on faisait tout à coup, du nouveau journal, un journal politique complet, la Presse serait écrasée (¹), et cela se conçoit, le bon marché assure le succès d'un journal ainsi annoncé. Dans ces conditions, il n'y a pas de concurrence possible. Mais quand les journaux de l'opposition déclareront accepter franchement le gouvernement, par l'abolition de l'impôt du timbre, ils se trouveront dans les conditions ordinaires de concurrence avec nous. Autrement, en dépit des opinions, il ne resterait plus, à un ou deux journaux de cette catégorie, que quelques milliers d'abonnés fidèles à leurs habitudes, et ils ne seraient soutenus que par leurs partisans les plus dévoués, comme, du temps de Louis-Philippe, tels ou tels journaux que nous pourrions citer.

Non plus que le gouvernement, nous ne voudrions pas. la chose fût-elle en notre pouvoir, écraser la Presse. Les journaux de l'opposition sont, par leur principe, la souve-

(1) Nous avons entendu dire qu'au ministère de l'Intérieur, on avait déclaré, au sujet de plusieurs projets de transformation du *Petit Journal*, analogues au nôtre, que le gouvernement ne voulait pas écraser la Presse et qu'il ajournait l'exécution de cette idée.

raineté du peuple, nos coreligionnaires en politique. Ainsi que le gouvernement, nous voudrions seulement les amener à en entendre la pratique de la même manière que nous. Conséquemment, pour éviter de leur faire concurrence, nous proposons de débuter par un journal politique restreint.

Le nouveau journal, en commençant, n'offrira, chaque jour, à ses lecteurs, que deux articles politiques, trois au plus. Le premier sera le bulletin des nouvelles ; le second et le troisième seront ceux de doctrine et de polémique, que nous avons annoncés. Point de Corps législatif. Par exception, on peut admettre un article sur une question brûlante du jour.

Par ce moyen, les lecteurs des autres journaux, ne trouvant pas, dans le *Petit Journal politique*, tout ce qu'il leur faut, conserveront leurs abonnements. Mais ils liront celui-ci, et alors la grande lacune dans la presse, dont nous avons parlé aux lecteurs du *Petit Journal*, sera comblée. Quelle est-elle ?

Le vice de nos habitudes, en matière de presse, c'est que, grâce à l'abonnement, on ne lit généralement qu'un journal. Les lecteurs de plusieurs journaux, dans toute la France, sont ou des habitués des cafés et des cercles, ou des gens riches, en tout cas l'exception. Or, il n'y a pas d'intelligence qui résiste à la lecture d'un seul journal ; au bout d'un certain temps, on n'entend plus qu'une cloche et qu'un son, on ne voit plus que par les yeux de son journal, on parle *Siècle*, *Constitutionnel* ou *Opinion nationale*. Notre feuille sera d'une opinion qui n'est représentée spécialement par aucun organe, la démocratie impériale ; au fond, c'est l'opinion de tout le monde. Nous avons donc beaucoup de points de contact avec les autres journaux ; mais nous en différons aussi à quelques égards. Conséquemment, chacun pourra aisément contrôler son propre journal à l'aide du nôtre. Conservez donc précieusement vos journaux, dirons-nous aux lecteurs d'une feuille unique ; mais cette contradiction, si précieuse pour vous, pour un sou, vous allez l'avoir : « LISEZ LE PETIT JOURNAL POLITIQUE ! »

Le temps viendra bientôt où nous pourrons faire concurrence aux journaux actuels. Ce sera lorsque leur bonne volonté patriotique aura mis l'opinion à leur diapason. Le gouvernement qui, dans l'intérêt public, aura suspendu l'essor de la publicité, leur rendra toute leur liberté : *Sub lege libertas.* L'Empereur, nouveau Guillaume III, ce souverain qui, en Angleterre, a fermé l'ère des révolutions, déclarera que le moment est venu de répandre largement la lumière, abolira l'impôt du timbre, diminuera les frais de poste, et proclamera le triomphe démocratique et libéral de la presse à cinq centimes.

Alors, le *Petit Journal* subira une seconde métamorphose ; il deviendra un journal politique complet, augmentera ses frais, mais aussi ses revenus, en agrandissant son format pour recevoir autant d'annonces qu'un journal anglais. On se sera habitué chez nous, comme chez nos voisins, à y voir le langage public du commerce, le parler tout haut des affaires, et à chercher, dans les premières ou dernières pages d'un journal, tout ce dont on peut avoir besoin. Son titre alors sera :

LE PROMOTEUR

JOURNAL DE LA CONCILIATION DES OPINIONS ET DES INTÉRÊTS

PAR LA PRATIQUE.

Ce titre aura été dès le premier jour justifié. Le *Petit Journal politique* se sera proposé pour but de seconder les efforts que nous pouvons faire pour établir parmi nous l'union en politique. Soutenu par la faveur de l'opinion publique (qu'il s'efforcera de mériter) et par la critique même, il sera maintenu dans la voie qu'il aura le premier ouverte à tout le monde.

Son ton conciliant, son aménité, inspirés par un patriotisme sincère, aura disposé, en effet, les esprits à la conciliation et contribué à faire adopter une doctrine qui est la conséquence et la mise en œuvre du principe de la souveraineté du peuple. Devenu le *Promoteur*, la même idée présidera à ses efforts plus étendus, Sans négliger les grands principes, il s'occupera surtout de ce qui est à faire immédiatement, de la pratique opportune. Par là, il évitera l'orgueil du sectaire et les querelles inutiles. Le mouvement ainsi déterminé aura donné l'impulsion aux immenses développements que le pays doit en attendre. A ce moment, quoique peu éloigné, nous pourrons juger de ce que nous ferons lorsque l'union en politique ayant décuplé nos forces, nous accompliro avec une puissance énorme, au sein d'une prospérité sans cesse croissante, les destinées vers lesquelles nous marchons.

En résumé, on croira au triomphe de la doctrine de l'acceptation résolue du gouvernement, qui doit fonder l'union parmi nous en politique :

Parce qu'elle est d'une vérité incontestable et parce qu'elle est l'application immédiate de notre principe, la souveraineté du peuple; parce qu'elle est dans la pensée de tout le monde, et parce qu'on la sent mûre pour la pratique; parce qu'enfin on saura qu'elle doit être soutenue et reproduite sans cesse par un organe immensément répandu.

Et vous savez quelles sont les conséquences du cours de choses qui va se déterminer.

C'est la confiance et le crédit. La confiance résultera de

notre disposition à faire de bonne politique et de l'espoir même de l'extension du crédit. Nous savons que nous pouvons prendre sur nous de nous le donner. Nous n'avons plus dès lors qu'une idée, la hausse; qu'un but, le 3 pour 100 au pair. Le mouvement va donc se déterminer peu à peu. Tout le monde ensuite se précipitera dans la voie nouvellement ouverte. Qui est-ce qui aura commencé? Les mieux avisés.

All right (tout droit), disent les Anglais; *Go'head* (va de tête), disent les Américains; Va de l'avant, disent les Français. Marche !

P. S. — Un article récent de Timothée Trimm, concernant les bénéfices du *Petit Journal*, est susceptible de modifier nos idées à ce sujet, et nécessitera vraisemblablement de nouveaux calculs. Notre plan, néanmoins, n'en sera pas essentiellement affecté. Les bénéfices en question seraient beaucoup moindres que nous les avons supposés ; mais on regagnerait d'un côté ce que l'on perdrait de l'autre. Notre chiffre de 7,500,000 francs de rentrées sera notablement abaissé; mais il en est de même du prix d'achat du Journal de M. Millaud. Quelles que soient, d'ailleurs, les modifications apportées à notre projet (et nous avons peut-être demandé le plus pour avoir le moins) , ce qui reste constant, c'est l'utilité, nous dirions presque la nécessité, pour le Gouvernement de posséder un Journal politique à bas prix, et surtout d'acquérir le *Petit Journal*, de s'y adresser à un grand nombre de lecteurs ; enfin de reproduire incessamment la doctrine de l'acceptation résolue. En présence des difficultés qui surgissent, nous maintenons, plus que jamais, que c'est là une idée de salut public.

TABLE

—

Paris. — A.-E. Rochette et Cⁱᵉ, boulevard Montparnasse. 72-80.